LA PHYSIOLOGIE

DU

BILLARD

LA PHYSIOLOGIE

DU

BILLARD

PAR

UN AMATEUR

PRIX : 1 FRANC

PARIS

LEDOYEN, LIBRAIRE-ÉDITEUR

PALAIS-ROYAL

1860

LA

PHYSIOLOGIE DU BILLARD

CHAPITRE Ier.

Influence morale du jeu de billard. — Statistique. — Quelques types de joueurs.

En 1830, on comptait à Paris environ six mille billards publics.

En 1840, ce nombre avait sensiblement augmenté, car il y en avait à peu près onze mille.

Aujourd'hui, il existe dans Paris dix-huit mille billards absorbant annuellement plus de vingt millions de la fortune publique !

Quand on songe que cette somme énorme sort, en partie, de la poche des petits employés, des ouvriers, des artistes de bas étage, on comprend que le billard acquière l'importance d'une véritable question économique.

Sans avoir la prétention d'ériger ce petit livre en cours de morale, je veux cependant démontrer que la passion du jeu de billard est au moins aussi absorbante que toutes celles qui s'emparent du cœur humain, quoique généralement elle n'ait pas le lucre pour stimulant, comme la plupart des autres jeux.

Il est rare, en effet, que l'enjeu de la partie soit autre chose qu'une *consommation* d'une valeur insignifiante. Le hasard entrant pour très-peu de chose dans les combinaisons de ce jeu, il est difficile d'équilibrer entre elles les forces de deux joueurs et de rendre les chances assez égales pour qu'ils exposent une somme d'argent sur le gain d'une partie. Le plus faible est à peu près toujours battu par le plus fort, malgré les avantages de points qu'il en reçoit; parce que, s'il est possible de calculer approximativement le nombre de points de différence qu'il y a entre un jeu et un autre, on ne peut pas évaluer l'influence morale qui paralyse les moyens du plus faible en présence de la supériorité reconnue de son adversaire.

Il résulte donc de cette difficulté à égaliser les chances que le jeu de billard ne donne lieu que très-exceptionnellement à ce qu'on appelle des parties d'argent ; il semble d'après cela, que, privé de cet aliment qui entretient la passion du jeu, le billard ne devrait être considéré que comme un exercice salutaire, une distraction inoffensive.

Sans doute, ce n'est pas l'attrait du gain qui fait dégénérer cet agréable passe-temps en une véritable passion, puisque, ce n'est le plus souvent, qu'un gain négatif qui consiste à ne pas payer les frais. Mais l'attrait le plus irrésistible, c'est l'amour-propre froissé ou satisfait. Aucun jeu n'excite à un si haut degré les petites vanités, les petites prétentions qui font de l'amour-propre un sentiment ridicule, quand il n'a pour objet qu'une puérile recherche de supériorité dans un talent aussi inutile que dispendieux.

Le jeu de billard, comme tous les exercices de corps dans lesquels l'adresse et la souplesse des membres sont nécessaires, exige une pose et des attitudes qui mettent en relief les avantages physiques de certains joueurs, plus préoccupés de l'effet de galbe que de l'effet de queue. Il est rare qu'un joueur, même le plus modeste, ne jette pas un regard triomphant sur la galerie quand il a réussi à exécuter un coup difficile, et, sans être paradoxal, on pourrait affirmer qu'un observateur doit se faire une idée exacte du tempérament, du caractère, et, pour ainsi dire, du degré d'intelligence d'un homme en le voyant jouer au billard.

Voyez ce joueur, attentif, animé, ajustant longuement son coup, frappant sa bille avec un effort auquel participent tous ses membres ; puis, le coup joué, suivant des yeux sa bille avec une émotion fiévreuse, serrant convulsivement sa queue dans ses mains crispées, puis s'accrochant aux bandes comme pour opérer une déviation qui mène sa bille au but cherché, se livrant enfin aux contorsions et à la pantomime d'un convulsionnaire. Chez ce joueur, la passion n'est qu'extérieure ; c'est un homme naïf, un peu simple, manquant d'adresse et de talent. Il y a à parier que cet homme est tailleur ou bottier, qu'il aura rencontré fortuitement un camarade pour faire sa partie, et qu'en rentrant au logis, il se gardera bien de parler à sa femme de cette petite escapade. C'est un homme timide et capable de conserver des illusions jusqu'à soixante ans.

Il y a le joueur fataliste, qui impute à mauvaise chance ce qui n'est que l'effet de sa maladresse. Joue-t-il un coup dans lequel il y a à prévoir infailliblement un contre, il accuse la fatalité : « Ces choses-là n'arrivent qu'à moi ! Voyez quel beau jeu je me laissais sans ce maudit contre ! » — Eh bien ! soyez persuadé que ce fataliste a dû trouver dans sa carrière le même acharnement du sort. Il a dû arriver souvent un quart d'heure trop tard pour conclure une affaire avantageuse, et, au lieu d'accuser sa négligence, il accuse la fatalité. C'est un esprit quinteux, un homme sans jugement, confondant les causes avec les effets ; s'il est marié, sa femme est à plaindre.

Et cet autre qui parle constamment de sa faiblesse pour se faire rendre des points ; qui, sous prétexte d'impuissance, ne hasarde jamais un coup incertain ; prodiguant des éloges à son adversaire, s'extasiant sur chaque coup, surtout sur ceux qu'il manque et dépréciant les siens, surtout ceux qu'il réussit. C'est la rouerie de la faiblesse exploitant la vanité ; cet homme n'aime pas à passer au comptoir, et cette modestie exagérée dénote un caractère dissimulé et rapace.

C'est une chose assez curieuse de voir que, dans un si grand nombre de gens qui aiment le billard, il y en ait si peu qui arrivent même à la connaissance des notions élémentaires. La plupart des joueurs, même ceux qui font de ce jeu un exercice habituel, n'arrivent pas à un degré de force classable, et, après avoir joué et vu jouer pendant trente ans, ils n'ont fait aucun progrès, ni sous le rapport mécanique de l'exécution, ni sous le rapport des combinaisons à l'aide desquelles on se ménage des probabilités de série.

D'où vient cela ?

Certes, il n'est pas facile de trouver une raison plausible. Je comprends qu'un individu ne fasse pas de progrès dans un métier qu'il exerce avec répugnance, pour lequel il ne se sent pas d'aptitude et qu'il n'a pris qu'en pis-aller, comme gagne-pain ! Mais le billard ? Dieu merci, il n'est pas obligatoire ; comment se fait-il donc que l'on trouve du plaisir à un exercice pour lequel on a des dispositions absolument négatives ?

Il y a même des joueurs chez lesquels la passion grandit en raison inverse de leurs progrès ; ils fréquentent assidûment les estaminets et les maisons où le jeu de billard est le plus en vogue ; ils ont la manie de commenter tous les coups, de parler de tous les grands joueurs et d'apprécier théoriquement, mais jamais justement, leurs forces respectives. Ce sont les vieux amateurs, les passionnés, les illuminés du billard ; et cette passion de toute leur vie ne les a pas menés même à un degré de force ordinaire.

Est-ce à dire que le jeu de billard exige des aptitudes et des dispositions naturelles sans lesquelles il n'est pas possible de parvenir à un certain degré de force ? je le crois, en effet, et je vais même plus loin en affirmant, au risque de déplaire à MM. les Professeurs, que toutes les leçons sont impuissantes à donner les qualités instinctives qui, seules, constituent un bon joueur.

En commençant ce chapitre, j'ai prévenu mes lecteurs que je ne toucherais qu'accessoirement au point de vue moral du jeu de billard; je n'ai ni la mission ni le désir de m'en occuper. C'est à la vigilance et à la sollicitude de l'autorité qu'incombe la tâche de découvrir la limite entre l'usage et l'excès, et de prendre des mesures pour que l'extension illimitée du nombre d'établissements affectés à ce jeu, ne devienne pas un sujet de trop grandes dépenses pour les classes inférieures chez lesquelles l'habitude du billard est plus généralement répandue.

Mais l'autorité rencontre de sérieuses difficultés dans l'accomplissement de sa mission tutélaire, et son action ne peut s'exercer que d'une façon délicate, indirecte et inaperçue, sous peine d'être taxée d'abus de pouvoir et de rigorisme vexatoire.

Au reste, il en est des jeux comme de toutes les choses futiles ; c'est affaire de mode ; c'est un goût passager, dominant pendant quelque temps, arrivant jusqu'au paroxisme de l'engouement, et puis, s'éteignant peu à peu sous l'influence capricieuse d'un autre genre de distraction succédant à celle-là. C'est que les jeux de toute sorte n'ont véritablement leur raison d'être qu'à condition d'offrir une diversion agréable aux travaux du corps et de l'esprit, sans usurper la place des occupations utiles et sérieuses. Dès le moment qu'un simple jeu devient une préoccupation absorbante, il dépasse son but et amène nécessairement, par cela même, une réaction.

Les arts seuls ont le privilége d'offrir des distractions continuelles et toujours attrayantes, parce que, pour eux, la limite du progrès n'existe pas et que la recherche du beau idéal, laissera, jusqu'à la fin des siècles, quelque champ inexploré. C'est pourquoi les arts qui sont, eux aussi, un délassement pour l'esprit, seront éternellement en honneur dans les sociétés civilisées, qui y trouveront sans cesse matière à des jouissances nouvelles.

Il n'en peut pas être ainsi d'un jeu, par la raison que les combinaisons les plus ingénieuses et les plus compliquées ont une clef que l'on parvient à posséder, selon le plus ou moins d'aptitude et de ténacité qu'on y apporte.

Supposez, en effet, qu'un homme parvienne à exécuter un carambolage dans telles positions que les trois billes puissent occuper sur la table du billard : cet homme, n'ayant plus rien à apprendre, se dégoûtera d'un exercice qui n'offre plus de difficulté à vaincre, de secrets à deviner. Je sais bien que cette perfection absolue n'est pas possible : il faudrait pour cela que les membres de l'homme fussent doués de la régularité et de la précision qui n'appartiennent qu'à la mécanique. Mais on peut dire, en voyant certains joueurs dont j'aurai occasion de vous parler plus tard, qu'il n'existe plus pour eux de difficultés insurmontables. Or, un jeu qui n'offre plus de secrets, est bien près de cesser d'être un amusement, et je crois que le billard est entré dans sa période de déclin, malgré la multiplicité croissante des établissements qui spéculent sur ce goût du public.

On trouvera peut-être que je m'y prends un peu tard pour tracer la physiologie d'un jeu qui tombe en désuétude. On pourrait même me demander si, ayant passé l'âge où l'homme est susceptible de se passionner, je ne confondrais pas mon refroidissement personnel avec le sentiment général. Il faut incontestablement tenir compte de cette réflexion et reconnaître qu'on est toujours enclin à généraliser ses impressions personnelles.

Néanmoins, je crois être dans le vrai quand j'indique une réaction marquée dans cet engouement qui s'est manifesté pour le jeu de billard à partir de 1830. La preuve, c'est que, pour stimuler cette passion refroidie, les chefs d'établissements ont été obligés d'avoir recours dernièrement à des inventions de *poules aux quilles* dans lesquelles, le hasard étant substitué à l'adresse, le billard n'était en définitive qu'un prétexte à des paris et à des jeux d'argent. Ce n'était certes pas l'attrait du billard en lui-même qui amenait la foule autour de ces tapis de roulette, et tous les gens sensés ont applaudi à la mesure prohibitive que vient de prendre l'autorité contre cette spéculation si indigne de ce qu'on a si longtemps appelé le noble jeu de billard.

Quant à l'apparition tardive de cette physiologie, je ne pense pas qu'elle soit inopportune; c'est, au contraire, parce que j'ai remarqué la période décroissante de cet engouement pour le billard, que j'ai trouvé le moment favorable pour tracer son origine, son extension, ses progrès, et pour marquer le point culminant d'où il commence à descendre.

CHAPITRE II.

HISTORIQUE DU BILLARD.

M. de Chamillard et Louis XIV. — La queue sèche et la queue mâchée. — Le major Duga. — Mengaud. — La partie du doublé. — M. de Nanteuil.

Le billard remonte à une époque très-reculée, et il serait difficile d'établir la date précise de son invention.

En 1674, Estienne Loyson publiait à Lyon, *par permission du roy*, un volume, aujourd'hui aussi rare que précieux, contenant les règles des principaux jeux en usage à cette époque.

Voici ce qu'il dit à propos du billard :

« Ce jeu est le divertissement des personnes de

» condition et autres qui souhaitent passer leur » temps agréablement. Et d'autant qu'il y survient » quelquefois et ordinairement des contestations » entre les joueurs, vous trouverez ci-dessous les » véritables règles qui s'observent à présent. »

Ces règles sont si compliquées qu'elles devaient, elles-mêmes, donner lieu à bien des contestations.

En remontant aux dernières années du règne de Louis XIII, on trouve encore quelque trace du billard dans *la Maison académique*, publiée en 1642. Mais il n'en est fait aucune mention dans les écrits qui traitent des jeux et divertissements en usage sous Henri III. Le dernier des Valois n'aurait pas manqué de s'affoler de cette nouveauté si elle avait été connue de son temps ; mais les chroniques contemporaines se bornent à dire qu'Henri III portait souvent un *bilboquet* à la main. Cet exercice était, en effet, fort en vogue à cette époque, comme il l'était redevenu en 89, après quoi il fut remplacé par le jeu de l'*Emigrant*.

C'est donc dans les premières années du dix-septième siècle qu'on doit placer l'origine du billard ; mais il n'a acquis une grande vogue qu'à l'époque de la majorité de Louis XIV qui aimait à déployer dans cet exercice les grâces de sa personne et la supériorité de son adresse. Un de ses adversaires habituels, M. de Chamillard, a même, dit-on, dû, en partie, à son habileté dans le jeu de billard, les hautes faveurs dont il a été comblé par Louis XIV. C'est là évidemment une de ces absurdes calomnies répandues par les détracteurs du grand roi, trop jaloux de la gloire de son règne pour se décider, dans le choix de ses ministres, par de telles futilités. M. de Chamillard, contrôleur des finances et puis ministre de la guerre, possédait la confiance de Louis XIV, parce qu'il avait une rare probité et que ce grand monarque croyait qu'un homme probe et désintéressé lui suffisait pour remplir, à côté de lui, les emplois les plus importants. Il se croyait capable de former ses ministres; mais, sous l'administration de M. de Chamillard, le bonheur commençait à abandonner les armées françaises; on en était réduit aux expédients, et M. de Chamillard, notoirement insuffisant, dut quitter le ministère en 1709, poursuivi par des quolibets et des épigrammes parmi lesquelles on a retenu celle-ci qui n'est pas la meilleure, mais qui a, pour la malignité, le double avantage d'insulter Louis XIV et son ministre :

> Ci-gît le fameux Chamillard,
> De son roi le proto-notaire,
> Qui fut un héros au billard,
> Un zéro dans le ministère.

L'étymologie de billard vient de *bille*, et il est fort probable qu'il tire son origine du jeu de *boule*, le tapis vert, sur lequel roulent les billes, étant une imitation du gazon.

Primitivement les bandes de bois qui bordent la table n'étaient revêtues d'aucun tampon de lisière, de sorte que les billes en frappant contre les parois dépourvues d'élasticité, s'amortissaient à travers les bandes et ne pouvaient être doublées qu'au moyen d'un coup très-violent.

L'habileté du joueur consistait principalement dans la précision avec laquelle il masquait son adversaire au moyen des fers plantés sur la table du billard et qu'on appelait *butte* et *passe*.

Ces bandes de bois, nommées bandes sèches, étaient percées de dix trous ou blouses ainsi réparties : quatre dans les angles, quatre dans la longueur et deux dans la largeur du billard. Ce grand nombre de blouses indique suffisamment que le principal avantage de la partie était de faire bille de préférence au carambolage que l'usage de la queue sèche rendait le plus souvent impossible. En effet, la queue sèche, c'est-à-dire dépourvue à son extrémité de toute espèce de cuir, présentait une surface polie et glissante qui obligeait le joueur à attaquer la bille sur son point central sous peine de faire *fausse queue*. Il résultait de cette obligation, l'impossibilité de lui imprimer un mouvement de rotation autre que sa rotation naturelle, de sorte que, quand deux billes se choquaient, elles prenaient forcément une direction connue d'avance, suivant les points de leur circonférence qui s'étaient trouvés en contact. Cette direction n'était légèrement modifiée que par le plus ou moins de force d'impulsion donnée à la bille. En dehors de cette direction se plaçaient les limites du possible; c'est ce qui fait que le carambolage n'était cherché qu'exceptionnellement.

Le jeu de billard s'est traîné fort longtemps dans ces moyens bornés de la bande et de la queue sèches. La Révolution, le Consulat et l'Empire, qui ont apporté dans le monde des modifications si radicales, ont laissé le jeu de billard livré à ses ressources primitives, et de toutes les institutions, c'est peut-être la seule sur laquelle, à leur rentrée en France, les émigrés aient retrouvé la trace des principes de l'ancien régime.

Il était donné à la Restauration de voir étendre ces ressources et d'assister à des essais incomplets de liberté et d'affranchissement.

On vit en effet, vers l'année 1820, des novateurs se révolter contre cette impuissance de la queue sèche, et chercher le moyen d'attaquer leur bille sur un point plus ou moins éloigné de son axe, sans s'exposer à faire fausse queue. On imagina, pour cela, de maculer l'extrémité de la queue avec une lime et de la frotter dans des trous pratiqués dans le plâtre ou la chaux de la muraille, pour lui donner un mordant qui l'empêchât de glisser.

Par ce moyen, on obtint déjà un progrès assez sensible ; on parvint à éluder les règles absolues de la physique sur le choc des corps et à modifier la force d'impulsion par le mouvement de rotation. On vit même des joueurs obtenir, au moyen de ces queues mâchées, quelques légers effets de recul qui firent crier au miracle tous les amateurs de la vieille école, et qui remplacèrent dans le jeu de billard les lois positives des mathématiques et de la physique, par le beau idéal du génie et de la fantaisie.

Dès ce moment, le jeu de billard portait le germe de sa révolution.

Au grand détriment de toutes les murailles d'estaminet que l'on se gardait bien de recouvrir de papiers ou de tentures, chacun eut sa queue mâchée qu'il fourrait à tout moment dans les trous, grattant le sable du mortier, de telle sorte que les salles de billard semblaient avoir soutenu un siége. On mesurait la longueur des effets rétrogrades obtenus par ce système, et les marchands de drap riaient dans leur barbe des nombreux accrocs faits aux tapis par ces queues éraillées. Mais qu'importe ! on sait bien que les révolutions coûtent toujours quelques déchirements; bénies soient celles qui réalisent de véritables progrès, même quand ils sont chèrement payés !

La période de 1820 à 1830 s'écoula sans autre amélioration que celle des queues mâchées. Le progrès cherché et entrevu ne trouvait pas encore sa formule et son application. On savait qu'en frappant sa bille sur un point éloigné du centre on obtenait une déviation de la ligne rationnelle ; le problême était donc posé en ces termes: trouver un instrument qui, sans glisser, pût frapper et mordre la bille sur un de ses points extrêmes, afin d'obtenir une déviation proportionnelle à l'écartement du centre à la circonférence.

Il semble, après qu'une chose si simple a été trouvée, que sa découverte était très-facile ; et pourtant, il n'a fallu rien moins que la révolution de Juillet pour mûrir ces théories incomplètes d'émancipation, mises en pratique par la *queue à procédé.*

A cette époque de 1830, j'étais à Toulouse, sous prétexte d'études, et je confesse à ma honte que l'établissement de madame Maury, sur la place du Capitole, faisait une dangereuse concurrence à la Faculté. Je me préoccupais moins de la prise d'Alger, du renversement de la branche aînée des Bourbons et des Institutes de Justinien que de la grande invention qui venait bouleverser toutes les combinaisons connues du jeu de billard. *Mengaud*, le célèbre Mengaud, venait d'arriver dans la ville de Clémence-Isaure, porteur d'une queue de billard magique, au moyen de laquelle le champ de l'innovation et de la fantaisie n'avait plus de limites. Cette queue miraculeuse fit plus de sensation dans le cercle des amateurs de billard que n'en ferait, chez les astronomes, l'apparition, à heure précise, d'une comète annoncée par M. Babinet.

Dans ce même moment, florissait à Toulouse un amateur de billard appelé le major Duga, qui prétendait avoir eu le premier l'idée de la queue mâchée. Cet homme avait gagné ses grades et sa croix d'honneur sur les champs de bataille de l'Empire, et sa vie militaire était remplie d'aventures assez nombreuses pour fournir pendant dix ans de la matière à M. Emile Marco-de-Saint-Hilaire. Eh bien ! le major Duga ne parlait jamais de ses glorieuses campagnes, et, quand il n'avait pas sa queue mâchée à la main, ce qui était rare, son seul sujet de conversation c'était le billard. La passion du billard était si forte pour ce brave guerrier qu'elle a peut-être contribué à calmer, dans son cœur, la pénible émotion des adieux de Fontainebleau.

On comprend l'impression que l'arrivée de Mengaud à Toulouse dut faire sur le major Duga, jusque-là invincible, mais sentant bien que sa queue mâchée, à laquelle il devait toute sa force, allait être reléguée dans l'arsenal aux vieilles armures! Mengaud, entrant en lice avec sa queue à procédé, c'était le canon rayé battant en brèche les vieux affûts de couleuvrines!

Ce morceau de cuir, collé à l'extrémité de la queue, c'était peu de chose pour les gens qui ne comprenaient pas à fond les affinités et les complications du jeu de billard; pour le major Duga, c'était la condamnation sans appel de sa queue mâchée; c'était la perte de tous ses avantages acquis; c'était son Waterloo!

Il le pressentait si bien, qu'il ne voulut pas s'exposer à une défaite, qu'il refusa obstinément de se mesurer avec Mengaud, et qu'il alla s'enfermer au fond d'une campagne isolée pour que le bruit des exploits de la queue à procédé n'arrivât pas jusqu'à lui.

Chez cet homme, l'orgueil a vaincu la passion; mais je dois dire qu'il n'a pas survécu longtemps à la défaite de sa queue mâchée.

La plupart des vieux amateurs se montrèrent

assez rebelles à la nouvelle invention de la queue à procédé. Par cette innovation, toutes leurs combinaisons se trouvaient dérangées ; la tactique avait complètement changé ; le jeu défensif ne mettait plus à l'abri contre les nouveaux moyens d'attaque ; il fallait renoncer aux vieux principes de *faire* ou *coller*. Enfin, la queue à procédé, c'était l'inauguration de l'école romantique dans le jeu de billard.

Aussi, peu à peu, l'on vit diminuer le nombre de blouses qui s'ouvraient sur les bandes. La *partie au même* fut abandonnée et remplacée par la *partie au doublé*.

C'est pendant les huit ou dix années de vogue de cette belle partie du doublé que le jeu de billard, à mon avis, a atteint son apogée. La suppression complète des blouses a été le commencement de sa décadence, parce que le nouveau jeu de carambolage a mis l'amateur à la merci du joueur de profession.

La partie du doublé donnait satisfaction au côté fantaisiste de la queue à procédé, et elle modérait les écarts de la fantaisie par les écueils de la blouse. Elle semait une grande variété dans tous les coups ; elle se prêtait mieux à l'équilibre des forces, en donnant à la prudence et à la précision, un avantage qui n'existe plus maintenant que pour la puissance du coup de queue et la facilité d'exécution, qualités naturelles qui sont le privilége de fort peu de joueurs.

Les blouses qui s'ouvraient dans les angles rendaient impossibles ces interminables séries de petits carambolages qui agacent les nerfs et font perdre au jeu de billard tout ce qu'il avait de noble et de chevaleresque. Que dirait-on d'un lutteur qui, étant parvenu à lier les membres de son adversaire et à le blottir dans un coin, l'assommerait à coups de chiquenaudes?

Les blouses dans les angles étaient au moins un préservatif contre ce supplice de la petite série que les joueurs de profession ont seuls la patience et la barbarie de faire subir à leur adversaire désarmé. Aussi, entre un joueur émerite et un amateur ordinaire, ce n'est plus aujourd'hui une partie qui se joue, ce n'est plus une lutte, c'est une exécution dans laquelle il y a, d'un côté, le bourreau et de l'autre le patient.

La partie du doublé permettait à l'amateur d'égaliser un peu mieux les chances et ne l'exposait pas à ce genre de guet à pens. Aussi l'on voyait, à l'époque où se jouait cette partie, des amateurs lutter avec avantage contre des joueurs de profession. Les fastes du billard conservent le souvenir d'un homme aussi distingué par les qualités de son esprit, l'élégance de ses manières, que par sa supériorité dans tous les exercices d'adresse et notamment dans le jeu de billard. C'est M. de Nanteuil qui, dans des parties mémorables, a tenu tête à tous les joueurs de l'Europe.

Aujourd'hui le jeu de billard réduit aux seules combinaisons du carambolage ne permet plus aux amateurs de lutter contre les joueurs qui s'adonnent exclusivement à cet exercice devenu pour eux une profession. En outre, pour beaucoup de joueurs dépourvus des qualités naturelles qui proviennent du plus ou moins d'élasticité dans les membres, la plupart des coups offrent des difficultés à peu près insurmontables, parce que leur exécution exige une puissance d'attaque qui dépasse leurs moyens. A la partie du doublé, ils avaient, dans ce cas là, la ressource de jouer une bille, tandis qu'à présent ils sont obligés, soit de jouer un coup nul, soit d'essayer le carambolage par des systèmes en dehors des règles théoriques.

J'ose donc affirmer que la suppression des blouses, au lieu d'être un progrès, a été une de ces innovations qui sont les signes précurseurs de la décadence.

Mais il serait puéril de se gendarmer contre un usage dominant; le ridicule d'une mode est effacé par l'acquiescement du public, et, après avoir donné un souvenir de regret à la belle partie du doublé, je vais m'occuper du carambolage au point de vue des progrès réalisés dans cette combinaison du jeu de billard qui est la seule en usage depuis une vingtaine d'années.

CHAPITRE III.

LES PROFESSEURS.

Paysan. — Sauret. — Barthélémy. — Théorie du massé. — Désiré. — Charles et Berger.

Je n'ai certes pas l'intention de chercher querelle à MM. les professeurs de billard à propos du titre un peu prétentieux qu'ils se sont adjugé. Il y avait autrefois des *maîtres* d'escrime qui sont devenus des *professeurs* de savate; les perruquiers sont devenus des artistes capillaires; pourquoi n'y aurait-il pas des professeurs de billard? Cela prouve simplement que le professorat, comme tant d'autres institutions, a débordé de ses hautes régions scientifiques pour s'étendre à des exercices dans lesquels les démonstrations peuvent se faire à coups de poings ou à coups de queue. Le titre générique de professeurs, ainsi étendu, comprend toute l'échelle des connaissances humaines; les uns se forment à l'université, les autres à l'estaminet; à ceux-là il faut de l'intelligence, les autres n'ont besoin que de biceps. A chacun son lot; et, cela dit sans intention mauvaise, passons sur cette dénomination de *professeurs*, puisqu'aussi bien la Sorbonne n'a pas jugé à propos de réclamer.

Les professeurs de billard sont contemporains de la queue à procédé, qui a été aux anciens systèmes ce que la locomotive a été au coucou. Du moment que, par la queue à procédé, on est parvenu à modifier, à volonté, la direction de la bille, il n'y a plus eu de coups impossibles; tout le talent du joueur a consisté à savoir choisir le point exact sur lequel il devait attaquer sa bille pour lui faire prendre, après le choc, la direction marquée pour le carambolage. La théorie des angles, sur laquelle reposait primitivement le jeu de billard, a été renversée, et la régularité absolue de la ligne droite a été remplacée par les sinuosités les plus extravagantes de la ligne courbe.

Avec les queues sèches, le carambolage ne s'obtenait que dans les conditions d'un angle obtus; il devenait plus difficile à mesure que l'angle se rétrécissait et tout-à-fait impossible dans l'hypothèse de l'angle droit.

Quant aux billes à envoyer dans les blouses, la théorie était des plus élémentaires; il suffisait de considérer la bille à faire comme un jalon placé entre la blouse et l'œil, sur une ligne droite figurée, et de la frapper exactement sur le point correspondant à cette ligne droite.

Ces principes étaient si simples que leur démonstration était inutile; aussi, sous ce régime primitif, le professorat n'avait pas de raison d'être.

Mais quand le champ a été élargi, quand la queue à procédé est venue reculer les limites du possible, il a surgi des hommes adroits qui ont tiré un parti inespéré de cet instrument et se sont érigés en docteurs-ès-billard, ce dont je ne les blâme nullement.

C'est à peu près de l'année 1835 que date l'ère des professeurs de billard et la popularité de leurs noms, quoiqu'ils fussent, à cette époque, bien au-dessous de la perfection qu'ils ont acquise depuis.

Vers ce temps, en effet, le fameux *Paysan* jouissait d'une renommée presque européenne, et pourtant il était d'une force inférieure à celle de simples amateurs d'aujourd'hui. Ce qui a fait la réputation de Paysan, c'est son invention de la *partie à décompter,* partie qu'il gagnait à coup sûr au moyen de la petite série dans les angles qu'il a été le premier à exécuter. Paysan n'avait ni puissance ni exécution; aussi c'est dans la patience et le calcul qu'il a cherché ses moyens et ses ressources.

Dans le même temps surgissait un rival de Paysan qui fondait, à côté de lui, ce qu'on peut appeler l'école romantique. C'était *Sauret*, le plus élégant joueur qui ait jamais manié une queue de billard, le premier qui ait compris qu'avec la queue à procédé, la théorie du jeu était à refaire. Depuis Sauret, on a fait plus exactement certains effets; mais il avait tout saisi de prime abord, et si son jeu présentait des imperfections, des écarts de fantaisie, il était certainement le plus élégant, le plus fécond en coups imprévus. On peut dire que Sauret a été le Paganini du billard; il subordonnait toujours la règle à l'inspiration; le gain de la partie était pour lui une considération presque secondaire; il recherchait constamment les difficultés et jouait, comme on dit, pour la galerie.

Aussi, comme professeur, Sauret ne pouvait guère donner que des principes vicieux, parce que son enseignement était basé sur une puissance d'exécution qu'il ne pouvait pas communiquer à ses élèves. Le jeu de billard exige presque autant de calcul que d'adresse; Sauret ne tenait pas assez compte du calcul.

Néanmoins sa manière a fait école ; ce n'est peut-être pas la bonne, mais c'est la plus amusante pour le plus grand nombre d'amateurs, qui trouvent plus de plaisir à voir un coup excentrique qu'à suivre les savantes combinaisons d'un jeu régulier.

Un des professeurs actuels, *Barthélemy*, a suivi les traditions de Sauret et est parvenu à exécuter des tours de force véritablement surprenants. Le principal mérite de ces coups, c'est de montrer que la force de rotation peut vaincre, dans certains cas, le mouvement d'impulsion et faire opérer à la bille un retour sur elle-même sans qu'elle ait frappé une autre bille ou une bande.

C'est ce qu'on appelle le *coup massé.*

La démonstration théorique de ce coup est fort simple, mais il exige une connaissance approfondie du jeu de billard pour être judicieusement exécuté.

Etant donné, par exemple, un carambolage à faire en plaçant les trois billes sur une ligne droite, dont la rouge occupe le milieu, il faut nécessairement faire décrire un angle à sa bille avant qu'elle ne frappe la rouge, et il faut que l'ouverture de cet angle soit en rapport avec l'écartement des deux billes sur lesquelles le carambolage doit être exécuté. Pour cela, il faut placer la queue sur un plan plus ou moins perpendiculaire, selon que l'angle a besoin d'être plus ou moins rétréci. Plus la bille est frappée perpendiculairement, plus la force de rotation augmente au préjudice du mouvement d'impulsion, de telle sorte qu'en frappant sa bille par un coup exactement perpendiculaire sur un des points extrêmes de sa circonférence, elle ne se déplacera qu'en vertu et dans le sens du mouvement de rotation qui lui aura été imprimé.

Ce n'est donc que le jugement, l'habitude, et je dirai même le sentiment du coup, qui doit déterminer l'inclinaison de la queue selon l'ouverture de l'angle que l'on veut faire décrire à sa bille.

Barthélemy est le héros du massé. Par une attaque précise, vigoureuse, hardie, il dompte et maîtrise sa bille de façon à lui imprimer un mouvement de rotation si prononcé, qu'elle vient, à plusieurs reprises, frapper la bande sur un même point. C'est ce qu'il appelle le *coup de la scie*.

Le *massé* est évidemment la dernière et la plus haute expression des résultats qui se peuvent obtenir au moyen de la queue à procédé; mais l'abus du massé est aux règles du jeu de billard, ce que les exercices acrobatiques des écuyers du Cirque sont aux véritables principes de l'équitation. Les tours de force éblouissent un moment; ils ne constituent pas un art.

Le professeur qui réunit toutes les qualités requises pour pratiquer et pour enseigner, c'est *Désiré*. Son jeu est classique et élégant, son exécution facile et brillante, sa méthode est parfaitement correcte, et si son nom n'a pas autant de retentissement que certains autres, c'est moins à cause de l'infériorité de son talent que de l'excès de sa modestie.

Je pourrais citer encore d'autres noms qui ont acquis une certaine célébrité, tels que *Romain*, *Constant*, *Lucien*, *Raymond*, etc. Mais comme je n'ai pas le dessein de faire pour chacun une notice biographique qui aurait l'inconvénient de la monotonie ou, tout au moins, celui de mettre en cause des personnalités, je me bornerai à parler des deux professeurs qui sont en possession de la renommée la plus répandue parmi les amateurs de billard et qui résument, à eux deux, toutes les perfections qu'il est possible d'atteindre à ce jeu.

Ai-je besoin de les nommer?

Chacun sait d'avance qu'il ne peut être question que de *Charles* et de *Berger*. Les uns disent: Berger et Charles; moi, je dis, Charles et Berger avec intention, parce que, dans le parallèle à établir entre eux, j'estime qu'il y a une nuance de supériorité en faveur du premier, surtout considéré comme professeur, c'est-à-dire comme possédant les théories les plus rigoureusement exactes et, par conséquent, les plus susceptibles d'être démontrées et comprises.

Dans tous les lieux publics, après une séance de billard dans laquelle a figuré un amateur d'une certaine force, on entend invariablement poser cette question : — « Lequel des deux est le plus » fort, de Berger ou de Charles ? » — Il s'engage à ce sujet de longues dissertations qui ne se terminent jamais par un jugement concluant, puisque la même indécision existe encore. Le seul moyen de trancher péremptoirement cette question, ce serait d'établir un tournoi ; d'organiser une partie de trois ou quatre mille points en sept ou huit séances, avec un enjeu assez important pour que chacun des lutteurs fût aiguillonné ou impressionné par le gain ou la perte, indépendamment de l'amour-propre qui serait en jeu.

Cette partie, à mon avis, serait concluante, et je ne sache pas que *Charles* ait jamais reculé devant une épreuve posée dans ces conditions. Quant à Berger, qui se pique de quelque érudition, je serais tenté de croire qu'il reporte instinctivement sa pensée sur l'histoire de David et de Goliath.

En attendant ce jugement suprême, chacun des deux a ses partisans et même ses fanatiques. Ceux-ci ne jurent que par *Berger*, ceux-là ne trouvent rien de comparable à *Charles*, et presque tous, dans leur partialité enthousiaste, après avoir brûlé l'encens aux pieds de leur idole, assomment son rival à coups d'encensoir. De part et d'autre, ces jugements sont faux, comme tout ce qui est absolu et exclusif. Le mérite de l'un n'ôte rien au mérite de l'autre, et l'on peut même dire qu'ils arrivent tous les deux à la même perfection par des moyens opposés. Si Berger a plus de brillant, Charles a plus d'aplomb. Berger intimide son adversaire par de grands coups d'estoc et de taille, Charles le fascine et le paralyse par la sûreté presque infaillible de son attaque.

Espérons qu'Alexandre Dumas, après en avoir fini avec Garibaldi, s'avisera quelque jour d'écrire les mémoires de ces deux dictateurs du billard. Sa tâche sera d'autant plus facile qu'en fouillant dans ses collections, il trouvera des types tout tracés. Berger serait parfaitement installé dans le large pourpoint de *Porthos*, tandis que Charles pourrait figurer de tous points *Aramis* si on lui mettait en main, au lieu de rapière, la queue de billard.

En résumé, puisque professeurs il y a, tous ces Messieurs professent en effet, et leurs leçons ont incontestablement profité à beaucoup d'amateurs. Mais il faut, pour en retirer quelque avantage, avoir des dispositions naturelles sans lesquelles on n'exécutera jamais le *coup lâché*, le *coup retenu* et le *coup beurré*, qui sont les trois bottes secrètes du billard.

Je renvoie l'explication de ces trois coups au chapitre suivant. Si je la plaçais ici, MM. les Professeurs, qui sont généralement assez malins, pourraient bien avoir la velléité de me délivrer un diplôme.

CHAPITRE IV.

LES AMATEURS.

Les trois catégories d'amateurs. — Les mazettes. — Les trois bottes secrètes du billard.

Les amateurs du jeu de billard se divisent en plusieurs catégories déterminées par le nombre de points que les grands professeurs peuvent leur rendre pour égaliser à peu près les chances. Ainsi, il faut être de première force pour jouer à dix points de cinquante avec Charles, Berger ou Désiré; et, tout au plus, compterait-on à Paris une dizaine d'amateurs susceptibles de se faire battre, dans ces conditions, sans un désavantage trop marqué. Un retour de quinze à vingt points constitue la seconde catégorie qui n'est pas non plus fort nombreuse.

Enfin, on est encore classé parmi les amateurs, même en recevant de ces messieurs trente points de cinquante; passé cela, on n'a pas de degré de force appréciable, et l'on est relégué dans la catégorie des *mazettes*.

Le billard est incontestablement, de tous les jeux d'adresse, le plus attrayant et, en même temps, le plus difficile à jouer à cause de la variété de ses combinaisons, qui reposent presque toutes sur le sentiment instinctif du coup de queue applicable à tel ou tel effet.

Evidemment chacun sent et comprend qu'en frappant sa bille en tête, on augmente son mouvement de rotation en avant, de telle sorte que le choc d'une autre bille ne l'empêche de courir que dans la proportion de son poids, proportion comparativement très-faible, puisque le poids de la bille frappée s'accroît de celui que lui donne la vitesse.

On comprend également qu'en attaquant sa bille en dessous, on lui imprime un mouvement de rotation en sens contraire de celui de l'impulsion, de telle sorte qu'en heurtant une autre bille, il doit s'opérer un mouvement rétrograde dans le sens de la rotation.

Ces notions élémentaires sont connues de tous les joueurs et n'ont pas besoin de démonstration

Mais, à côté de ces théories générales, combien n'existe-t-il pas de nuances qui les modifient?

Chaque coup, pour ainsi dire, exige un coup de queue particulier, spécial, approprié à l'effet à produire, non seulement pour l'exécution du carambolage cherché, mais pour l'arrangement subséquent des billes, dans la prévision du coup suivant. C'est dans l'intelligence de ces nuances que consiste la force du joueur, et c'est là l'écueil qui se pose devant la plupart d'entre eux.

Cette diversité dans les coups de queue constitue la gradation des leçons que les professeurs peuvent donner, leçons profitables et utiles pour ceux qui sont doués de dispositions naturelles; mais complétement perdues pour ceux auxquels la nature a refusé la souplesse des membres et la sûreté du coup d'œil. Les leçons ne consistent pas, en effet, en démonstrations théoriques dont l'explication serait aussi difficile à donner qu'à comprendre; en fait de théorie, le professeur ne peut qu'indiquer le point sur lequel il faut attaquer la bille pour obtenir tel ou tel effet; il ne lui est pas possible de faire comprendre les nuances que présente l'exécution de chaque coup au point de vue d'une méthode régulièrement formulée.

Il n'y a que le sentiment instinctif, aidé par l'expérience et par l'habitude de voir jouer ou de jouer avec les maîtres, qui puisse donner à la longue, la connaissance et la pratique des divers coups de queue qui forment le cadre de l'enseignement du jeu de billard.

Ce n'est pas à dire cependant que les leçons soient inutiles, mais j'estime qu'elles ne peuvent profiter qu'aux joueurs qui ont une grande aptitude et qui sont déjà d'une certaine force, ou bien aux personnes qui n'ont jamais tenu en main une queue de billard. Les premiers perfectionnent incontestablement leur jeu, et les autres apprendront les véritables principes pour l'attitude du corps et des membres, principes sans lesquels il n'est pas possible de bien jouer. Quant aux joueurs intermédiaires qui ont déjà des habitudes prises, il faudrait une grande persévérance pour les amener à rectifier des principes vicieux, et les résultats ne compenseraient certainement pas la peine et le temps perdus.

J'ai dit que l'on comptait tout au plus dans Paris une dizaine d'amateurs de première force, et ce chiffre si restreint ne paraîtra pas exagéré aux personnes qui savent se rendre compte de toutes les difficultés du jeu de billard et de l'immense pratique qu'il faut pour en triompher.

L'amateur, qui a naturellement d'autres soucis, d'autres préoccupations que le billard, ne peut pas arriver au degré de force des professeurs qui font leur spécialité de l'étude de ce jeu. Il n'est même pas prouvé qu'aucun de ces amateurs pût parvenir à égaler les grands maitres, lors même qu'il y appliquerait toutes les ressources de son intelligence et de son adresse. Les Charles, les Berger, les Désiré, ont eu, pour ainsi dire, des vocations spéciales et exceptionnelles devant lesquelles les difficultés se sont aplanies, et ils ont probablement atteint les dernières limites de la perfection.

Le lecteur s'attend peut-être à trouver ici les noms de ces rares étoiles du billard qui composent la catégorie des amateurs de première force ; il est, en effet, assez extraordinaire de voir que, parmi tant d'appelés il y a si peu d'élus ; et quand un joueur est parvenu à être classé dans le petit nombre de ces derniers, son nom a déjà une sorte de notoriété qui autoriserait la publicité à s'en emparer.

Je ne commettrai pas cette indiscrétion.

A tort ou à raison, le degré de force qu'un homme possède au billard étant censé acquis au détriment d'occupations utiles, je ne veux pas exposer certains amateurs aux inconvénients d'un jugement que, pour mon compte, je ne considère pas comme fondé d'une manière absolue, mais qui, néanmoins, est généralement adopté dans la société.

Exemple : « Connaissez-vous ce monsieur ? —

» Non, mais je sais qu'il est très-fort au billard. »

Voilà une réponse en apparence bien inoffensive ; il n'est pas moins vrai que si le questionneur possède une fille bien dotée, cette réponse l'empêchera peut-être de prendre pour gendre un homme si bien initié à tous les petits mystères de l'effet de queue. J'ajouterai qu'en raisonnant ainsi, le père de famille ne fera qu'obéir aux intuitions de la sollicitude paternelle qui suppute l'énorme quantité de temps qu'il a fallu soustraire aux affaires sérieuses, pour acquérir ce degré de force dans un exercice futile.

Et pourtant, ce raisonnement n'est pas rigoureusement juste car il s'applique moins aux amateurs de première force qu'à un grand nombre de joueurs qui nourrissent pour le billard une passion malheureuse.

Sans doute, il n'est pas possible de devenir très-fort sans avoir beaucoup joué ; mais comme la supériorité dans ce jeu ne s'acquiert pas sans des qualités naturelles et spéciales, il en résulte que bien des joueurs médiocres ont employé plus de temps pour acquérir cette médiocrité, qu'il n'en a fallu aux forts amateurs pour parvenir à une force supérieure.

Si je ne m'étais imposé pour règle une discrétion complète, il me serait facile d'appuyer mon assertion sur de nombreux exemples. Je connais pas mal de gens âgés qui, depuis bien longtemps, jouent au billard avec passion et qui consacrent à ce jeu, non-seulement leurs heures de distraction, mais une partie du temps dont ils auraient un emploi utile, souvent même nécessaire.

Parmi ces joueurs enragés, je n'en connais pas un qui, après avoir joué pendant trente ans, soit parvenu à améliorer son jeu ! Ce sont des meules de moulin qui tournent sans cesse sur elles-mêmes sans avancer, égrenant machinalement quelques carambolages de routine. Chez ces barbons encroûtés, on ne saurait dire quel est l'attrait irrésistible qui les pousse à jouer ce rôle de machine inintelligente, et l'on pourrait leur appliquer, avec une variante, le proverbe qui dit : *Vieux soldat, vieille bête.* A moins qu'ils ne soient dépourvus de tout jugement, comment n'arrivent-ils pas à comparer leurs dispositions négatives avec les moyens de joueurs plus habiles, et comment se fait-il que le résultat de cette comparaison ne les guérisse pas de cette passion de maniaques ? Chaque âge a ses plaisirs, et le jeu de billard est essentiellement un plaisir de la jeunesse. Chez l'homme parvenu à l'âge mûr, la persistance d'une trop vive passion pour ce jeu est généralement un signe caractéristique d'oblitération des facultés intellectuelles. A partir de l'âge de trente ans, le joueur qui n'est pas parvenu à un certain degré de force, ne peut plus nourrir d'illusions trompeuses et ne doit considérer le billard que comme une distraction hygiénique.

Aussi, c'est spécialement pour les jeunes gens que je vais essayer de donner l'explication des trois coups de queue dont j'ai parlé dans le chapitre précédent. Les hommes mûrs qui ne les connaissent pas encore, ne les comprendront jamais

Le *coup retenu* s'applique au cas où, les trois billès formant un triangle équilatéral, on veut exécuter le carambolage, de bille à bille, sans le secours de la bande. C'est un des coups les plus difficiles à exécuter avec précision, et l'on n'y parvient qu'en se rendant parfaitement maître de l'impulsion de sa bille après le choc. Comme il faut, pour obtenir cette direction dans le sens d'un angle droit, frapper sa bille un peu au-dessous du centre, on a à craindre la production de l'effet rétrograde qui rétrécirait trop cet angle et ferait manquer le coup. Ce n'est donc que par la manière d'attaquer sa bille qu'on peut obtenir cet angle droit.

Supposez que vous envoyez une bille sur le point central d'une autre bille, en frappant la vôtre dans le milieu ; c'est ce qu'on appelle un coup plein. Il résultera de ce coup que la seconde bille sera chassée avec la vitesse qu'aurait eue la vôtre sans le choc, vitesse diminuée seulement par la force de résistance qu'opposera le poids de la bille chassée. Quant à la bille du joueur, elle aura perdu son impulsion en la communiquant à la bille heurtée; mais néanmoins elle parcourra encore une certaine distance en avant. Mais si vous frappez votre bille un peu au-dessous de son point central, elle chassera l'autre et restera à la place qu'elle occupait sur le tapis. Voilà le coup retenu.

Maintenant il ne suffit pas que votre bille reste à la place de la bille chassée, il faut qu'elle prenne la direction de l'angle droit. Quel est le phénomène physique qui peut lui faire prendre cette direction contraire aux lois qui régissent le choc des corps? C'est le coup retenu qui, quoique frappant la bille au-dessous du centre, ne lui imprime pas cependant un mouvement de rotation assez prononcé pour qu'il y ait effet rétrograde, de sorte que le choc renvoie la bille carrément.

L'exécution de ce coup est difficile comme tous ceux qui se jouent de bille à bille sans le secours de la bande, parce que, dans ce cas là, la bille, suivant une locution usitée, n'offre que sa grosseur ordinaire. Pour augmenter, au figuré, cette grosseur de la bille, c'est-à-dire, pour ajouter aux probabilités de la rencontrer, beaucoup de joueurs essaient le coup au moyen de l'effet contraire;

c'est-à-dire que si la bille sur laquelle doit se faire le carambolage est à droite, ils attaquent leur bille du côté gauche. Cette manière augmente évidemment les chances de la rencontrer, surtout si elle est placée près d'une bande, parce que l'on a une propension à faire plutôt trop d'effet que trop peu ; si l'on en fait trop, l'effet contraire vous ramène au carambolage et, dans ce cas, la bille se trouve effectivement grossie de toute l'ouverture de l'angle décrit par la bille du joueur.

Le *coup lâché* n'est pas, comme semblerait l'indiquer son nom, l'opposé du coup retenu, car on peut jouer le coup lâché indistinctement, en frappant sa bille au centre ou en dessous. Tout dépend du bras, ou plutôt de la main qui tient la queue. Pour exécuter le coup retenu, il faut une sorte de petit mouvement nerveux ; il faut sentir la queue dans la paume de la main, la serrer même légèrement et frapper un coup sec. Pour le coup lâché, il ne faut qu'appuyer les doigts sur la queue, de façon à ce que le poids de la queue sur la bille ne soit pas augmenté par l'élan de l'avant-bras. On sent dans la main une sorte de contre-coup qui repousse la queue et l'on ne doit faire aucun effort musculaire pour la retenir.

Quant au *coup beurré*, très pratiqué par tous les professeurs, mais ainsi baptisé par *Désiré*, c'est un dérivatif du coup lâché qui a pour effet d'amortir le choc entre les deux billes et de produire un son mat comme si elles étaient enveloppées d'une légère couche de beurre. Ce coup a l'avantage de communiquer une impulsion à la bille heurtée sans que la bille du joueur perde la sienne, de telle façon que les deux billes se trouvent presque parallèlement entraînées. Il appartenait à un Normand de donner à ce coup cette désignation de couleur locale, qui joint au mérite de l'originalité celui de rendre exactement le dessin et la physionomie du coup.

Je ne m'étendrai pas davantage sur ces notions théoriques dont l'application dépend surtout de la sagacité et de l'aptitude des amateurs. Chacun doit sentir ses facultés, ses dispositions naturelles et voir, au bout de peu de temps d'exercice, s'il est doué des moyens physiques indispensables pour acquérir une certaine force. A défaut de ces moyens naturels, la persistance est ridicule et l'amour-propre déplacé. Il faut se contenter de considérer le billard comme un passe-temps qui offre des distractions attrayantes, même à ceux qui ne peuvent pas parvenir à triompher de ses difficultés ; et le conseil le plus salutaire que l'on puisse donner à tous les amateurs, c'est de veiller soigneusement à ce que l'attrait ne dégénère jamais en passion.

CHAPITRE V.

LES INSTRUMENTS.

La bande en lisière. — Pénurie de la lisière. — La bande métallique. — La maison Chéreau. — Les tables d'ardoise. — Un billard pour le prince Bedborodko.

Dans le second chapitre, j'ai indiqué les améliorations successives apportées au jeu de billard depuis son invention, jusqu'au moment où la bande sèche a été remplacée par la bande rembourrée. Cette transformation, qui date d'une quarantaine d'années, est sans doute la dernière expression du progrès à réaliser dans la fabrication des billards, puisque les fabricants habiles et consciencieux ont été obligés de renoncer aux nombreux essais qui ont été tentés pour faire de nouvelles bandes et d'en revenir aux tampons de lisière.

J'ai dit que la grande vogue du billard et la multiplicité des établissements affectés à ce jeu, datait à peu près de 1830. En quelques années, cet accroissement a été si rapide que la fabrication des billards est devenue une branche importante de l'industrie parisienne, et que plusieurs maisons ont acquis une réputation européenne dans ce genre de fabrication.

Une des plus justement renommées de cette époque, c'était la maison *Chéreau*, qui, depuis plus de quarante ans, a obtenu, dans toutes nos expositions, les suffrages de tous les vrais connaisseurs, et qui, aujourd'hui encore n'a point de rivale, tant pour le goût artistique de ses produits que pour la solidité et le fini de son travail.

Une particularité assez singulière à noter, c'est que, tandis que les billards se multipliaient dans des proportions inouïes, la production de la lisière diminuait en raison inverse de cette progression.

C'est, en effet, de l'époque de 1835 à 1840, que date la période décroissante de l'emploi du drap pour les vêtements et surtout pour le pantalon, à cause de la mode tyrannique du *sous-pied* qui ne pouvait s'accommoder de la raideur cassante du drap.

Aussi les fabricants d'Elbeuf, de Louviers, de Sédan, ne voulant pas faire de nous des *sans-culottes*, se mirent à fabriquer des étoffes souples et élastiques, susceptibles de se prêter à la mode du sous-pied. Mais ces étoffes, dites de *nouveauté*, n'ont pas de lisière ; le drap seul en a, de sorte que les fabricants de billard n'avaient d'autre ressource, pour s'en procurer, que de s'adresser aux confectionneurs d'habillements militaires, qui n'ont pas adopté la nouveauté, sans doute, parce que le soldat français ne craint pas de se trouver dans de mauvais draps.

Quoi qu'il en soit, la lisière faisant défaut, il fallait bien s'ingénier à la remplacer; nos fabricants supposèrent d'ailleurs que le billard avait assez grandi pour se passer de lisières, et c'est alors que l'on vit surgir une foule de systèmes dont je crois inutile de faire l'énumération, parce que, de toutes ces inventions, une seule, la bande *métallique*, est arrivée à approcher des avantages que présente la bande en lisière.

La *bande métallique* date d'une vingtaine d'années. Elle est d'un usage général dans les établissements publics des quartiers populeux où s'entassent, se gênant entre eux, une vingtaine de billards destinés à satisfaire les besoins de récréation de la classe ouvrière, aux heures de repos ou les jours fériés. Comme la plupart des personnes qui forment la clientèle de ces établissements ne jouent au billard qu'en manière de passe-temps et pour le seul plaisir de faire rouler des billes, peu leur importe que les bandes aient de la justesse dans le rendement, pourvu qu'elles aient de l'élasticité et que les billes courent beaucoup sur le tapis. Plus la course est longue, plus est grande la chance de rencontrer le carambolage. Le hasard étant l'auxiliaire du plus grand nombre de ces joueurs, la bande métallique fait parfaitement leur affaire et mérite d'obtenir leur préférence.

Mais pour les vrais amateurs, pour ceux qui comptent sur la précision du coup et non sur le hasard, la bande métallique présente des inconvénients qui l'ont fait exclure de tous les lieux où l'on tient à avoir un billard qui renvoie la bille avec une justesse uniforme sur tous les points de la bande.

La bande métallique se compose d'une planche sur laquelle sont assujettis des ressorts galvanisés, en forme de spirale. Sur la tête de ces ressorts est posée une plaque d'acier enveloppée d'une étoffe de laine quelconque, roulée en cinq ou six doubles, de façon à amortir le coup sur la plaque d'acier. Cette plaque doit être très mince, sous peine de neutraliser l'élasticité des ressorts ; et cette ténuité est elle-même un inconvénient par la raison suivante : Quand le choc d'une bille s'opère sur le point intermédiaire entre deux ressorts, l'effet de renvoi est moins sensible que si le choc avait eu lieu sur le point correspondant au centre de la spirale métallique.

La défectuosité de ce système se fait surtout sentir dans les coups à effet ; lorsque la bille est envoyée sur la bande avec un mouvement de rotation de droite à gauche ou de gauche à droite, elle n'est renvoyée dans la direction de ce mouvement qu'à condition que le coup ne soit pas frappé fort, car dans ce cas, l'élasticité du ressort agissant instantanément la bille est repoussée carrément dans une direction formant angle droit avec la bande, sans que cette direction soit sensiblement modifiée par l'effet de côté. Si, au contraire, la bille arrive doucement vers la bande, ce même effet de côté sera rendu avec exagération.

Il résulte de là l'impossibilité de jouer avec précision sur un billard à bandes métalliques, puisque les effets ne peuvent se produire d'une façon régulière sur tous les points de la bande.

Aussi tous les professeurs et les vrais amateurs du jeu de billard ont irrévocablement rejeté ce système défectueux dont la propagation n'a été préconisée par certains fabricants qu'à cause de la difficulté qu'ils éprouvaient à se procurer de la lisière.

Et à ce propos, j'ai à noter un fait assez singulier dont malgré son invraisemblance, je peux garantir l'exactitude : depuis qu'on a imaginé de recouvrir les bandes d'un tampon de lisière, il ne s'est formé aucune ouvrière pour la fabrication de ces tampons, et, dans ce moment encore, il n'y en a que deux dans Paris ! L'une de ces ouvrières travaille exclusivement pour la maison *Chéreau*, dont la réputation n'a fait que grandir sous l'intelligente direction de madame Vᵉ Guilelouvette et de son fils, auquel un grand talent de dessinateur inspire des merveilles artistiques d'ornementation.

La seconde ouvrière fournit tous les autres fabricants.

Comment se fait-il qu'à côté de ces deux femmes, déjà fort âgées, il ne se soit pas formé d'autres ouvrières ? Cela se comprend d'autant moins que ce genre de travail est très-lucratif, comparativement à tous les ouvrages d'aiguille.

Cette particularité donne, pour ainsi dire, à la maison *Chéreau*, le monopole de la fabrication des billards à bandes de lisière, les seuls dont on se serve dans les cercles, dans les maisons bourgeoises et dans les établissements publics de premier ordre. Cette clientèle d'élite a puissamment contribué à maintenir dans cette maison les bonnes traditions de M. Chéreau. Aussi c'est là qu'il faut s'adresser quand on veut avoir un billard qui réunisse toutes les conditions de justesse, de solidité et d'élégance, et il n'est pas rare de voir de riches équipages, stationnant devant les modestes ateliers de madame veuve Guilelouvette et fils.

On y va admirer, en ce moment, un magnifique billard commandé par le comte Nicolas Koucheleff Bedborodko et exécuté sur les dessins de M. Guilelouvette. Ce beau *spécimen* du bon goût inimitable de notre industrie et de la somptuosité des grands seigneurs russes rappelle la riche et belle simplicité du style de Louis XIII et mérite une description détaillée. Le billard est en noyer poli avec moulures en bois noir verni. Les bandes sont disposées à panneaux creux formés par un encadrement de moulures en acier, se détachant entre deux autres corps de moulures en bois noir, le tout coupé par des rosaces en fonte malléable florentinée dans lesquelles sont ménagées des parties polies à reflets d'acier.

La ceinture du billard offre une série de panneaux à coupes cintrées rappelant les dispositions des bandes.

Au-dessus des pieds, et faisant ressaut sur la ceinture, est un pilastre portant un cartouche aux armoiries du comte. Ce cartouche, qui dissimule habilement la sortie des blouses, est, comme les rosaces, en fonte malléable ciselée dans laquelle, sur un fond florentin, se détachent également des parties brillantes à reflets d'acier.

Cette partie se trouve supportée par six pieds à volute dont l'ensemble rappelle les autres parties du billard. Ils sont ornementés de panneaux formés de moulures noires enclavant un corps de moulures d'acier.

Ce billard, d'un style sévère et d'un goût irréprochable, fait le plus grand honneur au talent de M. Guilelouvette dont les conceptions se distinguent surtout par l'ensemble harmonieux de l'ornementation.

On voit par ce qui précède que, en ce qui concerne les bandes, aucune des inventions nouvelles n'est arrivée à réaliser un progrès sur la bande de lisière. Il n'en est pas de même de la table du billard qui, pendant fort longtemps, a été composée de pièces de bois assemblées en parquet. Cette table de bois avait l'inconvénient d'être élastique, de faire rebondir la bille et de rendre les coups piqués ou massés à peu près inexécutables. De plus, la table de bois gardait difficilement un niveau parfait; il était rare de trouver des bois assez secs pour qu'il ne se produisît pas un peu d'écartement dans les assemblages, et par conséquent une déviation dans le niveau.

Les *tables d'ardoise* ont avantageusement remplacé les tables de bois, et aujourd'hui on n'en emploie pas d'autres pour les billards établis dans de bonnes conditions.

En résumé, j'estime qu'un billard ne peut être parfaitement juste avec des bandes autres que les bandes en lisière, et, fort de cette conviction, je n'hésite pas à recommander la maison Chéreau, dirigée par Mme veuve Guilelouvette et fils, rue du Château-d'Eau, n° 50, comme celle qui jouit auprès de tous les professeurs et véritables appréciateurs, de la réputation la plus justement méritée à cause du soin consciencieux qu'elle apporte dans la fabrication de ses billards.

CHAPITRE VI.

CONCLUSION.

Le célibataire qui a lu la *Physiologie du mariage*, si malicieusement tracée par Balzac, n'a pas deux conclusions à tirer de sa lecture ; si les observations de l'auteur ont frappé son imagination, il prendra le parti de rester garçon.

Je ne voudrais pas que la conclusion obligée de la *Physiologie du billard* fût la condamnation absolue de ce jeu. De même que, dans le mariage, certains maris savent s'arranger une existence paisible sans monotonie, émouvante sans passion ; de même certains joueurs parviennent à conserver longtemps un goût modéré pour cet exercice et à y trouver toujours une distraction agréable et salutaire. Il suffit, pour cela, d'avoir assez de volonté pour résister à l'entraînement de la passion et de ne chercher dans ce jeu que ce qu'il peut donner, dans la mesure des facultés qu'on y apporte, c'est-à-dire de la distraction.

Le billard est généralement répandu chez tous les peuples, mais il y est plus ou moins cultivé, suivant la diversité des goûts et des aptitudes de chacun.

Les Anglais jouent au billard comme ils font de la gymnastique ; c'est pour eux un exercice plutôt qu'un plaisir.

Dans toute l'Allemagne, excepté peut-être à Berlin où l'on trouve, dans les cercles, des billards français, on ne rencontrerait pas un billard passable.

Les Russes, qu'on appelle avec raison les Français du Nord, ont du goût et des dispositions pour ce jeu ; et, dans toutes les résidences aristocratiques, il y a un billard de fabrique française.

Mais c'est en France seulement que le billard est cultivé dans toutes les classes de la société et qu'il s'est véritablement élevé aux proportions d'un art. Aussi ce n'est qu'en France qu'on a pu voir l'enseignement de ce jeu érigé en professorat ! Pendant une vingtaine d'années, cet enseignement a été une carrière plus ou moins lucrative pour certains joueurs émérites dont j'ai eu occasion de parler, et c'est cette émulation, cette rivalité entre professeurs qui servait à entretenir et à augmenter la vogue du billard.

Mais aujourd'hui les temps sont bien changés pour MM. les Professeurs, et ceux d'entre eux qui n'ont pas d'autre ressource que leur talent au billard sont bien exposés à tirer le diable par la *queue*. Soit que certains professeurs aient élevé des prétentions exagérées, soit que la générosité des amateurs se soit refroidie, toujours est-il qu'en ce moment il n'y a pas un seul professeur de billard qui puisse vivre de son talent, de ses leçons ou des parties qu'il trouvait à faire et qui se résumaient toujours par un petit bénéfice. Il en résultera nécessairement, dans un temps donné, la disparition complète de ces docteurs ès-billard, et avec eux tombera cet engouement qu'ils avaient contribué à faire naitre.

Ce n'est pas à dire, cependant, que le jeu de billard soit destiné à tomber en désuétude ; je crois, au contraire, que perdant un peu de sa vogue dans les masses, il tend à se généraliser davantage dans la classe bourgeoise et aisée.

Je n'ai jamais compris l'utilité de ces grands caravansérails où la spéculation entasse une vingtaine de mauvais billards qui servent d'attrait et d'excitant à la classe ouvrière. Le jeu de billard exige un trop long apprentissage pour que sa propagation trop multipliée ne soit pas un dérangement funeste pour la partie de la population ouvrière qui s'y adonne avec passion. Ce n'est donc pas un mal que cette grande vogue tende à s'affaiblir.

Quant à la classe aisée, pour laquelle ce jeu ne présente pas les mêmes inconvénients, son goût pour le billard semble augmenter. Il n'y a plus maintenant une maison de campagne, un peu confortable, qui ne possède sa salle de billard, et l'on peut prévoir le moment prochain où, après s'être un peu trop démocratisé, le billard redeviendra, comme le disait Loyson, en 1674, « le divertissement favori des personnes de condition. »

FIN.

Paris. — Typ. Allard, rue d'Enghien, 14.

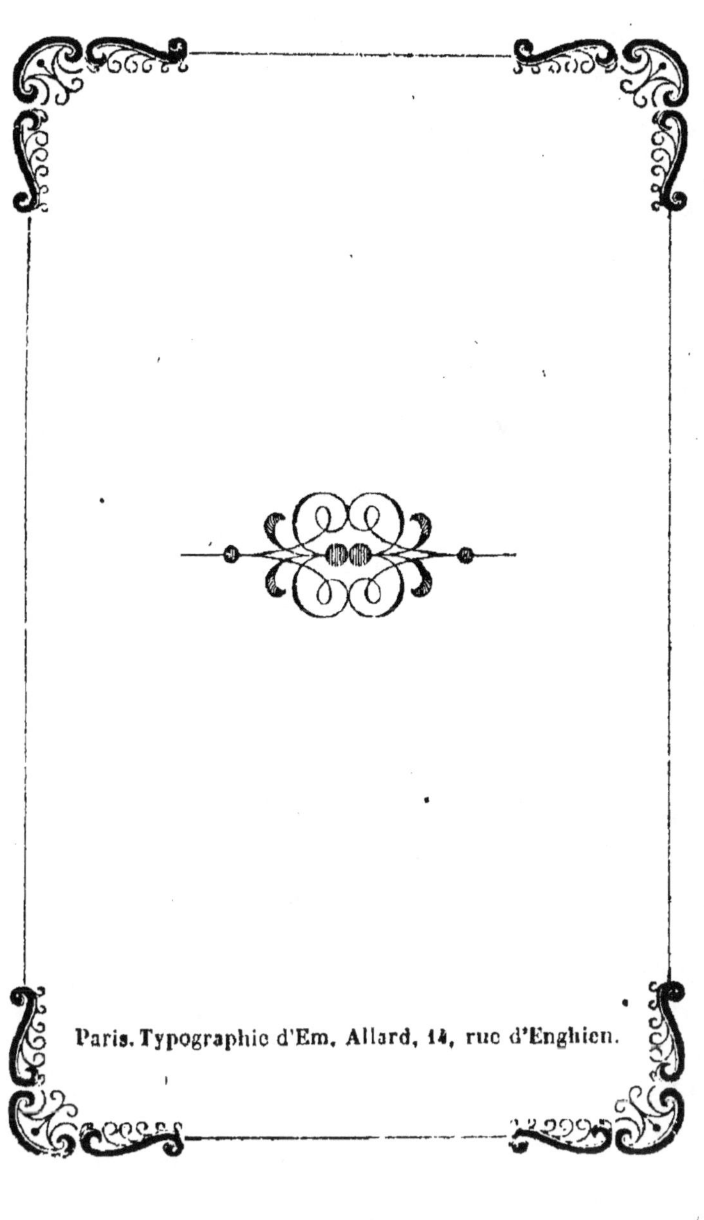

Paris. Typographie d'Em. Allard, 14, rue d'Enghien.

www.ingramcontent.com/pod-product-compliance
Lightning Source LLC
LaVergne TN
LVHW020048170826
845678LV00001B/492
9782329680606